La Vie de Jacqueline Pascal

Gilberte Perier

Hachette, Paris, 1923 (2e éd.)

© 2024, Gilberte Perier (domaine public)
Édition: BoD • Books on Demand GmbH, In de Tarpen 42,
22848 Norderstedt (Allemagne)
Impression: Libri Plureos GmbH, Friedensallee 273,
22763 Hamburg (Allemagne)
ISBN: 978-2-3225-5733-2
Dépôt légal : Septembre 2024

VII

JACQUELINE PASCAL

(1625-1661)

Mémoire composé et écrit de la main de Madame Perier, touchant la vie de la sœur Jacqueline de Sainte Euphémie Pascal, sa sœur
Bibliothèque Nationale, ms. f. fr. 12 988, I, p. 25, et IIe Recueil du P. Guerrier, p. 187 apud Fangère, *Lettres, opuscules et mémoires,* 1845, p. 54.

Le 5e jour d'octobre entour midy nasquit Jacquette Pascal, fille à noble Estienne Pascal, cons^er du roy, presidant en la cour des aydes de Montferrand, et à damoizelle Anthoinetie Begon, et a esté baptizée la dicte Jacquette le 10 du dict mois en la mesme année. A esté parrin noble Bresmond Paschal[1], marrine damoisele Jacquette Durand consorte à noble Begon, cons^er esleu pour le roy en l'eslection d'Auvergne à Clairmont[2]. — Bresmond Paschal, Durand.

[3]Ma sœur naquit à Clermont le 4 octobre de l'année 1625. Comme j'avois six ans de plus qu'elle, je me souviens que des qu'elle commença à parler elle donna de grandes marques d'esprit. Elle estoit outre cela parfaitement belle, et d'une humeur douce et la plus agreable du monde ; de sorte qu'elle estoit autant aymée et caressée qu'un enfant le peut estre. Mon pere se retira à Paris en 1631, et nous y mena tous. Ma sœur avoit alors six ans, toujours fort belle et tout à fait agréable par la gentillesse de son esprit et de son humeur. Ces qualitez la faisoient souhaitter partout ; de sorte qu'elle ne demeuroit presque point chez nous.

On commença à luy apprendre à lire à l'âge de sept ans ; et comme mon pere m'avoit chargée de ce soing, je m'y trouvois fort empeschée, car elle y avoit une grande aversion ; et quoy que je pusse faire, je ne pouvois obtenir d'elle qu'elle vint dire sa leçon. Enfin un jour par hazard je lisois des vers tout haut : cette cadence lui plut si fort, qu'elle me dit : « Quand vous voudrez me faire lire, faites moy lire dans un livre de vers, je diray ma leçon tant que vous voudrez. Je fus surprise de cela, parce que je ne croyois pas qu'un enfant de cet âge put discerner les vers d'avec la prose, et je fis ce qu'elle souhaittoit, et ainsi elle apprit peu à peu à lire. Depuis ce tems là, elle parloit toujours de vers ; elle en apprenoit par cœur quantité, car elle avoit la memoire excellente ; elle voulut en savoir les regles ; et enfin à huict ans, avant que de sçavoir lire, elle commença à en faire qui n'estoient point mauvais : cela fait veoir que cette inclination lui estoit bien naturelle.

Elle avoit en ce tems là deux compagnes qui ne contriboient pas peu à la luy entretenir ; c'estoient les filles de Mme Saintot[4], qui en faisoient aussy, quoy qu'elles n'eussent pas beaucoup plus d'âge qu'elle. De sorte qu'en l'année 1636, mon pere estant allé faire un voyage en Auvergne où il me mena. Mme Saintot luy demanda ma sœur pendant son absence, et ces trois petites filles s'aviserent de faire une comedie, dont elles composerent le sujet et tous les vers sans que personne leur aidast en rien. Cependant c'estoit une piece suivie, de cinq actes divisez par scenes, et où tout estoit observé. Elles la jouerent elles mesmes deux fois avec d'autres acteurs qu'elles prirent, et il y eut grande compagnie. Tout le monde admira que ces enfants eussent eu la force de faire un ouvrage entier, et on y trouva quantité de jolies choses ; de sorte que ce fut l'entretien de tout Paris durant un long temps.

Ma sœur continua tousjours à faire des vers sur tout ce qui luy venoit dans l'esprit, et sur tous les evenemens extraordinaires. Au commencement de l'année 1638, comme on fut assuré de la grossesse de la Reine, ce luy fut une belle matiere ; elle ne manqua pas d'en faire, et ceux-là furent les meilleurs qu'elle eust faits jusqu'alors. Nous estions en ces tems là logez assez prez de M.[5] et de Madame de Morangis, qui prenoient tant de plaisir aux gentillesses de cette enfant qu'il ne se passoit gueres de jours qu'elle ne fust chez eux. Mme de Morangis fut ravie de voir qu'elle avoit fait des vers sur la grossesse de la Reyne, et dit qu'elle vouloit la mener à Saint-Germain pour la luy presenter. Elle l'y mena en effet, et comme elles y furent arrivées, la Reyne, se trouvant alors occupée dans son cabinet, tout le monde se mit autour de cette petite pour l'interroger et voir ses vers. Mademoiselle, qui estoit alors fort jeune[6], luy dit : « Puis que vous faites si bien des vers, faites-en pour moy. Elle, tout froidement, se retira en un coin, et fit une epigramme pour Mademoiselle, où il y avoit des choses qui faisoient bien voir qu'elle ne l'avoit pas apportée toute faite, car elle parloit du commandement que Mademoiselle venoit de luy en faire[7]. Mademoiselle, voyant que cela avoit esté si tost fait, luy dit : « Faites-en aussy pour Madame de Hautefort[8]. Elle fit à l'heure mesme une autre epigramme pour Madame d'Hautefort, qu'on voyoit bien aussy qui estoit faite sur le champ, quoiqu'elle fust fort jolie. Peu de temps apres, comme on eut permission d'entrer dans le cabinet de la Reyne, Madame de Morangis prit ma sœur et l'y mena. La Reyne fut toute surprise de ses vers ; mais elle s'imagina d'abord qu'ils n'estoient pas d'elle, ou du moins qu'on luy avoit beaucoup aydé[9]. Tous ceux qui estoient là presens eurent la mesme pensée ; mais Mademoiselle leur osta ce doute en leur montrant les deux epigrammes qu'elle venoit de faire en sa presence et par son commandement. Cette circonstance augmenta l'admiration de tout le monde, et depuis ce jour la elle fut souvent à la cour, et tousjours caressée du Roy, de la Reyne, de Mademoiselle, et de tous ceux qui la voyoient. Elle eut mesme l'honneur de servir la Reyne quand elle mangeoit en particulier, Mademoiselle tenant la place de premier maistre d'hostel.

Elle faisoit, (outre des vers), cent autres jolies choses, comme des billets qu'elle écrivoit à ses compagnes, les plus jolis du monde. Elle avoit des reparties les plus justes qu'on eut peu souhaitter. Cependant tout cela ne diminuoit rien de la gayeté de son humeur, et elle jouoit avec les autres de tout son cœur à tous les jeux des petits enfants ; et quand elle estoit en particulier, elle estoit sans cesse apres ses poupées.

Cette mesme année 1638, au mois de mars, mon pere s'estant rencontré chez M. le chancelier avec beaucoup d'autres personnes qui avoient interest comme luy aux rentes de l'hoslel de ville, il se dit ce jour là des paroles, et mesme on y fit quelques actions, un peu violentes et seditieuses ; ce qui estant rapporté à M. le cardinal, il donna ordre de mettre les principaux dans la Bastille. On s'imagina que mon pere estoit de ce nombre, de sorte qu'on le vint chercher pour cela ; mais il se garantit, et on en prit trois autres. Mon pere pendant ce temps là demeura caché chez ses amis, tantost chez l'un tantost chez l'autre, sans oser venir chez luy du tout. Dans cette affliction il recevoit beaucoup de consolation de toutes les gentillesses de cette enfant, car il l'aymoit avec une tendresse toute extraordinaire. Mais cette douceur ne dura gueres ; car au mois de septembre de cette année 1638, la petite verole luy vint, dont elle fut malade à l'extremité. Mon pere oublia lors toutes ses craintes, et dit que, quelque danger qu'il y eust pour luy, il vouloit estre dans sa maison pour voir de ses yeux tout le cours de la maladie. Et, en effet, il ne la quitta jamais un moment, couchant mesme dans sa chambre. Elle guerit de son mal ; mais elle en fut toute gastée. Elle avoit alors treize ans, et elle avoit l'esprit assez avancé pour aymer la beauté et estre faschée de l'avoir perduë. Cependant elle ne fut point du tout touchée de cet accident ; au contraire elle le considera comme une faveur, et fit des vers pour en remercier Dieu, où elle disoit, entre autres choses, qu'elle regardoit ses [*creux*][10] comme les gardiens de son innocence, et pour des marques indubitables que Dieu la vouloit luy conserver ; et tout cela venoit de son propre mouvement. Elle passa tout l'hiver sans sortir de la maison, n'estant pas en estat d'aller parmi le monde. Elle ne s'ennuya point du tout, en s'occupant fort de ses poupées et de ses bijoux.

Au mois de fevrier de l'année 1639, M. le cardinal eut envie de faire jouer une comedie par des enfans. Madame la duchesse d'Aiguillon prit le soin de chercher des filles, et proposa à Madame Saintot si elle pourroit donner Mademoiselle sa fille la jeune, et s'il y auroit moyen d'avoir ma sœur, et luy dit qu'elle avoit pensé que possible cela pourroit servir pour le retour de mon pere, si cette petite le demandoit à M. le cardinal. Cet avis donné de cette part parut si important à tous nos amis qu'ils crurent qu'il ne falloit pas perdre cette occasion. Ainsy elle apprit le role qu'on luy donna et fit son personnage, mais avec tant d'agrement qu'elle ravissoit tout le monde, d'autant plus qu'estant de fort petite taille, et ayant le visage fort jeune, elle ne paraissoit pas avoir plus de huit ans, quoy qu'elle en eust treize. Apres la comedie, elle descendit du theatre, afin que Madame Saintot la menast à Madame d'Aiguillon qui la vouloit presenter à M. le cardinal ; mais comme elle vit que Madame Saintot tardoit, et que M. le cardinal se levoit pour se retirer, elle s'en alla à luy toute seule. Quand il la vit approcher, il se rassit, la tint sur ses genoux, et en la caressant il vit qu'elle pleuroit ; il luy demanda ce qu'elle avoit. Alors elle luy fit son compliment que Madame d'Aiguillon accompagna de quantité de paroles obligeantes ; sur quoy M. le cardinal dit qu'il luy accordoit le retour de son pere, et qu'il pouvoit revenir quand il voudroit. Alors cette petite d'elle mesme sans que cela eust esté prevu, luy dit : « Monseigneur, j'ai encore une grace à demander à Vostre Eminence ». M. le cardinal estoit si ravy de sa gentillesse et de cette petite liberté, qu'il luy dit : « Demandez moy ce que vous voudrez ; je vous l'accorderay. » Elle luy dit : « C'est que je supplie Votre Eminence de trouver bon que mon pere ayt l'honneur de luy faire la reverence quand il sera de retour, afin qu'il la puisse remercier luy mesme de la grace qu'elle nous fait aujourd'huy ». M. le cardinal luy dit : « Non seulement je vous l'accorde, mais je le souhaitte. Mandez luy qu'il vienne en toute assurance, et qu'il vienne me voir, et m'amene toute sa famille. » Les choses s'estant passées ainsy que nous le souhaittions, mon pere eut une entiere liberté. Il fut en remercier M. le cardinal, et nous y mena tous.

Sur la fin de l'année 1639, mon pere ayant esté fait collègue de M. de Paris dans la commission de l'intendance de Normandie, dans la generalité de Rouen, fut obligé d'y aller demeurer, et nous y mena tous. M. Corneille ne manqua pas de venir nous voir. Il pria ma sœur de faire des vers sur la conception de la Vierge, qui est le jour qu'on donne les prix. Elle fit des stances[11], et on luy en porta le prix avec des trompettes et des tambours en grande ceremonie. Elle receut cela avec une indifference admirable[12]. Quoy qu'elle eust alors quinze ans, elle badinoit comme un petit enfant, et s'amusoit avec des poupées. Nous luy en faisions des reproches, et ce ne fut pas sans peine que nous l'engageames à quitter ces puerilités qu'elle preferoit aux plus grandes compagnies de la ville, quoy qu'elle y eut un applaudissement general. Elle n'avoit nul attachement pour la gloire ni pour l'estime, et je n'ay jamais vu personne en estre moins touchée. Cette reputation qu'elle avoit acquise des son enfance ne diminua point dans les autres temps ; au contraire, elle alla toujours en augmentant, parce qu'elle avoit toutes les grandes qualitez de chaque age, de sorte qu'on la souhaittoit partout, et ceux qui n'avoient point d'habitude particuliere avec elle recherchoient avec grand soin sa connoissance. Lorsqu'elle arrivoit en quelque compagnie où on ne l'attendoit pas, on y voyoit tout le monde se rejouir de sa venuë, et un petit murmure s'eslevoit, et elle satisfaisoit toujours ceux qui s'attendoient de luy voir dire quelque chose de beau ; mais ce qui est plus admirable, c'est que tout cela ne l'eslevoit point, et qu'elle le recevoit dans une indifference si grande que tout le monde l'en aimoit davantage, et ses compagnes avec qui elle estoit tous les jours n'en ont jamais eu la moindre jalousie ; au contraire, elles contribuoient de tout leur cœur à augmenter l'estime qu'on en avoit en publiant les bonnes qualitez qu'elles y reconnoissoient en particulier, comme sa douceur, sa bonté, l'agrement et l'egalité de son humeur qui estoit incomparable.

Durant ce temps là, il se presenta plusieurs occasions de la marier ; mais Dieu permit qu'il y eust tous les jours quelque raison qui en empeschat la conclusion. Elle ne tesmoigna jamais dans ces rencontres ny attache ny aversion, estant fort soumise à la volonté de mon pere, sans qu'elle eust jamais eu aucune pensée pour la religion[13], au contraire en ayant un grand esloignement et mesme[14] du mespris, parce qu'elle croyoit qu'on y pratiquoit des choses qui n'estoient pas capables de satisfaire un esprit raisonnable.

Au mois de janvier 1646, mon pere s'estant demis une cuisse en tombant sur la glace, il ne put prendre confiance en cet accident qu'à MM. de La Bouteillerie et Deslandes, gentilshommes du pays, qui eurent la bonté de demeurer chez luy trois mois de suitte, pour estre presents et pour remedier à tous les accidens qui arrivoient à toute heure. Toute la maison profita du sejour de ces messieurs. Leurs discours edifians et leur bonne vie que l'on connoissoit donnerent envie à mon pere, à mon frere et à ma sœur, de voir les livres qu'on jugeoit qui leur avoient servi pour parvenir à cet estat. Ce fut donc alors qu'ils commencerent tous à prendre connoissance des ouvrages de M. Jansenius, de M. de Saint-Cyran, de M. Arnauld et des autres escrits dont ils furent tres edifiez.

Sur la fin de l'année 1646, M. [*de Belley*] faisant l'ordination à Rouen, ma sœur, qui n'avoit pas encore esté confirmée, voulut recevoir ce sacrement. Elle s'y przpara selon ce qu'elle en apprenoit dans les petits traités de M. de Saint-Cyran. L'on peut croire qu'elle y receut veritablement le Saint-Esprit, car depuis cette heure-là elle fut toute changée[15]. Toutes ces lectures et tous ces discours firent une si forte impression dans son cœur, que peu à peu elle se trouva à la fin de l'année 1647 dans une resolution parfaitte de renoncer au monde ; et comme elle se rencontra lors à Paris, y estant allée accompagner mon frere qui avoit besoin d'y estre pour ses indispositions, ils alloient souvent entendre M. Singlin ; et voyant qu'il parloit de la vie chrestienne d'une maniere qui remplissoit tout à fait l'idée qu'elle en avoit conçue depuis que Dieu l'avoit touchée, et considerant que c'estoit luy qui conduisoit la maison de Port-Royal, elle crut des lors, comme elle me l'a dit en propres termes, qu'on pouvoit estre[16] la-dedans religieuse raisonnablement. Elle communiqua cette pensée à mon frere qui, bien loin de l'en destourner, l'y confirma, car il estoit dans les mesmes sentimens. Cette approbation la fortifia de telle sorte que depuis ce tems-la elle n'a jamais hesité un instant dans le dessein de se consacrer à Dieu.

Mon frere, qui l'aymoit avec une tendresse toute particuliere, estoit ravy de la voir dans cette sainte resolution, de sorte qu'il ne pensoit à autre chose qu'à la servir pour faire reüssir ce dessein ; et comme ils n'avoient ni l'un ni l'autre aucune habitude à P. R., il s'avisa de M. Guillebert, qui estoit une connoissance commune. Il le fut voir, et y mena ma sœur ; et M. Guillebert, l'ayant entretenue, en fut si satisfait qu'il la mena luy mesme à la mere Angelique qui la receut aussy avec beaucoup[17] de satisfaction et d'agrement. Depuis cela, ma sœur y alloit le plus souvent qu'elle pouvoit, estant fort esloignée. Les Meres luy dirent qu'il falloit s'adresser à M. Singlin et se mettre sous sa conduite, afin qu'il pust juger si l'estat de religieuse lui convenoit : elle ne manqua pas de faire ce qu'on lui ordonnoit. Dés la premiere fois que M. Singlin la vit, il dit à mon frere qu'il n'avoit jamais vu en personne de si grandes marques de vocation. Ce tesmoignage consola beaucoup mon frere, et l'obligea de redoubler ses soins pour le succez d'un dessein qu'on avoit tout sujet de croire qui venoit de Dieu. Toutes ces choses se passoient dans les premiers mois de l'année 1648, mon frere et ma sœur estant à Paris et mon pere à Rouën.

Au mois de may de cette année, mon pere estant venu à Paris, M. Singlin trouva à propos qu'on luy declarast le dessein de ma sœur, parce qu'alors elle estoit entierement resolue. Mon frere se chargea de cette commission, parce qu'il n'y avoit que luy qui le put faire. Mon pere fut fort surpris de cette proposition, et il fut estrangement partagé ; car d'un costé, comme il estoit entré dans les maximes de la pureté du christianisme, il estoit bien aise de voir ses enfans dans le mesme sentiment ; mais de l'autre costé, l'affection si tendre qu'il avoit pour ma sœur l'attachoit si fort à elle qu'il ne pouvoit se resoudre de s'en separer pour[18] jamais. Cette diversité de pensées l'obligea de repondre d'abord à mon frere qu'il verroit et qu'il y penseroit. Mais enfin, apres avoir balancé quelque temp, il luy dit nettement qu'il ne pouvoit y donner son consentement. Il se plaignit mesme de mon frere, de ce qu'il avoit fomenté ce dessein sans savoir s'il luy seroit agreable ; et cette consideration l'aigrit de telle sorte contre mon frere et contre ma sœur qu'il n'eut plus de confiance en eux ; de sorte qu'il commanda à une fille, qui estoit ancienne domestique, et qui les avoit elevez tous deux, de prendre garde à leurs actions[19]. Cet ordre de mon pere jeta ma sœur dans une grande contrainte, si bien que depuis ce tems-la elle ne put aller à P. R. qu'en cachette, ny voir M. Singlin que par adresse et par invention.

Cette peine ne diminua rien de sa ferveur, et comme elle avoit renoncé au monde dans son cœur, elle ne pouvoit plus prendre plaisir aux divertissemens comme elle faisoit auparavant ; de sorte que quoy qu'elle cachast avec grand soin le dessein qu'elle avoit de se donner à Dieu, on ne laissa pas de s'en apercevoir ; et elle, voyant qu'elle ne pouvoit plus le cacher, elle ne fit plus de difficulté de se retirer peu à peu des compagnies, et elle rompit absolument toutes ses habitudes. Elle eut pour cela une occasion favorable, car mon pere changea de maison en ce tems-là[20] ; elle ne fit aucune connoissance dans ce nouveau quartier, et elle se defit de celles des autres en ne les visitant point. Ainsi elle se trouva dans une liberté tout entiere de vivre dans la solitude et elle trouva cette vie si agreable qu'elle s'accoutuma insensiblement à se retirer mesme de la conversation domestique, de sorte qu'elle demeuroit toute la journée seule dans son cabinet.

On ne sauroit rapporter quels étoient ses exercices dans cette exacte solitude, et tout ce qu'on en peut dire, c'est qu'on s'apercevoit de jour en jour qu'elle faisoit un progrez admirable dans la vertu. Cependant, quoiqu'elle fust fort genée[21], elle ne laissoit pas d'aller quelquefois à P. R., d'y escrire souvent, et d'en recevoir des lettres, car elle avoit une adresse admirable pour cela[22], et ainsy elle se soutenoit.

Cependant mon pere, qui estoit tres persuadé qu'elle avoit choisy la meilleure part, et qui ne resistoit à son dessein que par affection et par tendresse, voyant qu'elle s'affermissoit tous les jours dans sa resolution, luy dit qu'il voyoit bien qu'elle ne vouloit point penser au monde, qu'il approuvoit de tout son cœur ce dessein, et qu'il luy promettoit de ne luy faire jamais aucune proposition d'engagement, aussy avantageux qu'il parust, mais qu'il la prioit de ne le point quitter ; que sa vie ne seroit[23] possible pas encore bien longue et qu'il la prioit d'avoir cette patience ; et cependant qu'il luy donnoit la liberté de vivre comme elle voudroit dans sa maison. Elle le remercia de toutes ces choses, et ne luy fit point de reponse positive sur la priere qu'il luy faisoit de ne le point quitter, se contentant seulement de luy promettre qu'elle ne luy donneroit jamais sujet de se plaindre de sa desobeïssance.

Cecy se passa vers le mois de may 1649 ; mon pere prit resolution en ce tems là de venir en Auvergne et d'y mener mon frere et ma sœur. Elle apprehenda beaucoup ce voyage, à cause de la multitude des parens et des compagnies où l'on est exposé dans les petites villes. Elle m'escrivit sa peine, et me manda que, pour eviter cet embarras où elle se voyoit exposée, elle croyoit qu'il estoit à propos, pour prevenir le monde, que je disse publiquement sa resolution d'estre religieuse, et qu'il n'y avoit que la consideration de mon pere qui la retenoit. Je ne manquay pas de le faire, et cela reussit si bien que, lorsqu'elle fut arrivée, on ne fut point surpris de la voir habillée comme une femme agée dans une grande modestie ; et on ne s'estonna point aussy de ce qu'aprez avoir rendu les premieres visites de civilité, elle se retira non seulement dans la maison, mais dans sa chambre d'où elle ne sortoit point du tout que pour aller à l'Eglise et pour prendre ses repas, et sans que personne de la maison y entrast[24] ; de sorte que moy-mesme, quand j'avois quelque chose à luy dire, il falloit que je fisse un petit agenda ou quelque marque pour me souvenir de le luy dire, ou quand elle viendroit manger, ou quand nous irions à l'eglise où nous allions tousjours ensemble, et c'estoit le tems où j'avois le plus d'occasion de lui parler, qui estoit bien court, car nous n'avions pas grand chemin à faire. Ce n'est pas qu'elle refusast l'entrée de sa chambre ny à moy ny à personne, ny qu'elle refusast son entretien ; mais c'est que, quand on la detournoit pour luy parler de choses qui n'estoient pas tout à fait necessaires, on s'apercevoit que cela la contraignoit et l'ennuyoit si fort qu'on esvitoit tant qu'on pouvoit de luy faire cette peine.

Il y avoit à Clermont un Pere de l'Oratoire[25] dont la vie estoit exemplaire. Ce bon homme venoit voir ma sœur assez souvent, et elle y prenoit plaisir, parce qu'il luy faisoit discours d'edification. Ce bon Pere luy dit un jour qu'il estoit bien raisonnable que, puisque son esprit avoit autresfois travaillé pour le monde, il s'exerçast maintenant à faire quelque chose pour Dieu ; qu'il avoit ouy dire qu'elle faisoit fort bien des vers, et qu'il avoit pensé de luy donner occasion d'en faire pour la gloire de Dieu, en luy traduisant en prose les hymnes de l'Eglise qu'elle mettroit aprez en vers. Elle luy dit simplement qu'elle le vouloit bien. Il luy apporta donc d'abord l'hymne de l'Ascension : *Jesu, nostra redemptio*, que l'on chante tous les jours à l'Oratoire. Elle le mit en vers[26], qui estoient fort justes et fort bien tournez, sans s'esloigner du sens en aucune sorte. Il trouva cela si beau qu'il l'exhorta à continuer ; mais elle fit reflexion qu'elle avoit entrepris ce travail sans prendre avis, et cela la jeta dans le scrupule. Elle escrivit à la mere Agnès, qui luy fit une belle response, et luy manda entre autres choses : « C'est un talent dont Dieu ne vous demandera point compte : il faut l'ensevelir. » Des qu'elle eut reçu cette response elle me la montra, et pria ce bon Pere de la dispenser d'en faire davantage, sans luy en dire la raison, mais seulement qu'elle ne pouvoit pas continuer cet ouvrage[27], et ainsy se remit à ses exercices ordinaires, gardant toujours exactement sa solitude, sans en sortir que par necessité.

Mais cette retraite n'estoit point oisive ; car outre son office qu'elle disoit regulierement et la lecture où elle s'appliquoit beaucoup, faisant quantité de recueils, elle occupoit le reste de son tems à travailler pour les pauvres. Elle leur faisoit des bas de grosse laine, des camisoles et d'autres petits accommodemens qu'elle portoit elle mesme, quand elle les avoit faits, à un hôpital où l'on entretient de pauvres enfants[28]. On estoit encore merveilleusement edifié de ce que ce grand esloignement de tout le monde ne la rendoit point chagrine, et qu'elle estoit toujours fort affable, et aussy de ce qu'elle estoit toujours preste à en sortir pour des occasions de charité, comme nous l'avons esprouvé bien des fois. J'eus pendant ce tems quelques indispositions, et elle s'attachoit à me tenir compagnie tout le jour, sans en tesmoigner aucune inquietude. Il y eut plusieurs de mes enfants qui eurent de grandes maladies ; elle les servit avec une charité admirable. Et mesme il y eut une de mes petites filles qui mourut d'une petite vérole pourprée[29] : ma sœur l'assista toujours jusques à la mort, et pendant quatorze jours que dura cette maladie, elle n'alla point dans sa chambre que pour dire son office ; encore prenoit elle son tems lorsque l'enfant n'estoit pas dans les grands accidens de son mal. Ainsy elle la servoit avec tout le soin imaginable, demeurant pres d'elle jour et nuit, et passant plusieurs nuits sans se coucher. Aprez que cette occasion de charité fut passée, elle retourna à son ordinaire dans sa chambre.

Elle prenoit plaisir d'aller quelques fois visiter les pauvres malades de la ville avec une demoiselle fort vertueuse, qui s'employe tout entiere à cet exercice. Ma sœur ajoutoit à tout cela des mortifications du corps fort grandes. Comme nous[30] avons peu de logement, on avoit esté contraint de faire un retranchement pour la loger dans un lieu où il n'y avoit point de cheminée, et qui est mesme assez loin de toutes les chambres. Elle y passa tout un hiver sans vouloir permettre qu'on lui donnast le moindre soulagement ; on ne pouvoit pas mesme obtenir d'elle de s'approcher du feu, lorsqu'elle venoit pour prendre ses repas. Cela nous donnoit à tous beaucoup d'inquietude. Son abstinence nous faisoit aussy bien de la peine ; car quoiqu'elle mangeat des mesmes viandes que nous, c'estoit neantmoins en si petite quantité que, comme elle estoit d'un temperament fort delicat, elle diminua par là ses forces, et ruina son estomac, de sorte que, quand on vouloit l'obliger à prendre plus de nourriture, elle ne pouvoit le digerer. Ses veilles estoient aussy extraordinaires ; nous n'en avions pas une connoissance entiere, mais nous nous en apercevions bien par la quantité de chandelles qu'elle brusloit, et par d'autres choses semblables.

Elle avoit eu une prevoyance admirable : car considerant que l'habit de religion, dans les differences qu'il a de celuy du monde, donne quelques difficultez qui, faisant de la peine au corps, empeschent l'esprit de se perfectionner, pour se munir contre cela, elle s'avisa de s'accoutumer en ce qu'elle pourroit aux choses qui sont les plus penibles. Pour ce, en effet, elle se fit faire des souliers fort bas, elle s'habilla sans corps de jupe, elle coupa ses cheveux, et prit plusieurs coëffes mesme trop grandes, et plus embarrassantes que n'auroit pas esté un voile ; enfin, elle fit si bien que, quand elle fut entrée au couvent, elle n'eust pas la moindre peine pour l'habit.

Voylà comment se passèrent dix sept mois qu'elle demeura dans notre maison de Clermont. Au bout de ce tems-là, mon pere s'en estant retourné à Paris, voulut que ma sœur y allast aussy ; ce retour fut au mois de novembre de l'année 1650. Elle estoit logée assez commodement, ayant en son particulier une chambre et un cabinet. Mon pere luy donnoit aussi toute la liberté qu'elle pouvoit souhaiter pour ses exercices de pieté, de sorte qu'elle les pratiquoit exactement. Mais elle estoit toujours genée pour sa communication avec Port Royal, qu'elle ne pouvoit avoir qu'en secret. Cela ne l'empeschoit pas pourtant de les voir quelquefois, et d'en avoir souvent des nouvelles, de sorte qu'on lui envoyoit regulierement ses billets tous les mois, et ceux des mystères dans le[31] tems qu'on les tire. La mere Agnes luy envoya à la fete de l'Ascension de l'année 1651 son billet qui estoit le mystere de la mort de Notre-Seigneur.

Elle medita ce mystere avec tant de soin, que Dieu luy donna des pensées admirables sur ce sujet, qu'elle mit par escrit. Je les ay eues par la faveur de M. de Rebours[32] qui me les donna, mais avec tant de secret que ma sœur n'a jamais sceu que je les eusse seulement vues. Je ne sçaurois rien dire de particulier des actions de cette année, parce que je n'estois pas à Paris ; mais j'ai sceu par mon frere que c'estoit la mesme sorte de vie que lorsqu'elle estoit à Clermont.

Au mois de septembre de l'année 1651, mon pere estant tombé malade de la maladie dont il mourut, elle s'appliqua à luy rendre service avec tout le soin imaginable, jour et nuit. On peut dire qu'elle ne faisoit autre chose : car lorsqu'elle voyoit qu'elle n'estoit pas si necessaire auprez de luy, elle se retiroit dans son cabinet où elle estoit prosternée en larmes, priant sans cesse pour luy, comme elle me l'a dit elle-mesme. Enfin, nonobstant tout cela, Dieu en disposa selon sa volonté, et mon pere mourut le 24 septembre. On nous le fit sçavoir à l'heure mesme ; mais comme j'estois en couches[33], nous ne pumes estre à Paris qu'à la fin du mois de novembre. Dans cet intervalle, mon frere, qui estoit sensiblement affligé, et qui recevoit beaucoup de consolation de ma sœur, s'imagina que sa charité la porteroit à demeurer avec luy au moins un an, pour luy aider à se resoudre dans le malheur. Il luy en parla, mais d'une maniere qui faisoit tellement voir qu'il s'en tenoit asseuré, qu'elle n'osa le contredire de crainte de redouter sa douleur, de sorte que cela l'obligea de dissimuler jusques à nostre arrivée[34]. Alors elle me dit que son intention estoit d'entrer en religion, aussytost que nos partages seroient faits, mais qu'elle espargneroit mon frere, en luy faisant accroire qu'elle y alloit faire seulement une retraite. Elle disposa toutes choses pour cela en ma presence ; nos partages furent signez le dernier jour de decembre, et elle prit jour pour entrer le 4 janvier.

La veille de ce jour-là, elle me pria d'en dire quelque chose à mon frere le soir, afin qu'il ne fust pas si surpris. Je le fis avec le plus de precaution que je pus ; mais quoy que je luy disse, que ce n'estoit qu'une retraite pour connoistre un peu cette sorte de vie, il ne laissa pas d'en estre fort touché. Il se retira donc fort triste dans sa chambre, sans voir ma sœur qui estoit lors dans un petit cabinet où elle avoit accoutumé de faire sa priere. Elle n'en sortit qu'apres que mon frere fut hors de la chambre, parce qu'elle craignoit que sa vue luy donnast au cœur. Je luy dis de sa part les paroles de tendresse qu'il m'avoit dites : apres quoy nous nous allames tous coucher. Mais quoy que je consentisse de tout mon cœur à ce qu'elle faisoit, à cause que je croyois que c'estoit le plus grand bien qui luy pust arriver, neantmoins la grandeur de cette resolution m'estonnoit de telle sorte et m'occupoit si fort l'esprit que je n'en dormis point de toute la nuit. Sur les sept heures, comme je voyois que ma sœur ne se levoit point, je crus qu'elle n'avoit point dormy non plus, et j'eus peur qu'elle ne se trouvat mal, de sorte que j'allay à son lit, où je la trouvay fort endormie. Le bruit que je fis l'ayant reveillée, elle me demanda quelle heure il estoit : je le luy dis, et luy ayant demandé comment elle se portoit et si elle avoit bien dormy, elle me dit qu'elle se portoit bien et qu'elle avoit bien dormy. Ainsy elle se leva, s'habilla et s'en alla, faisant cette action comme toutes les autres dans une tranquillité et une egalité d'esprit inconcevable. Nous ne nous dismes point adieu, de crainte de nous attendrir, et je me destournay de son passage lorsque je la vis preste à sortir. Voylà de quelle maniere elle quitta le monde. Ce fut le 4 janvier de l'année 1652, estant lors agée de vingt-six ans et trois mois[35].

1. ↑ Le quatrième des enfants de Martin Pascal.
2. ↑ Qui était parrain de Gilberte Pascal. *Vide supra*, p. 31.
3. ↑ Cette *Vie* avait paru au tome II des *Vies intéressantes et édifiantes des religieuses de Port-Royal*, 1761, p. 339–356. On en trouve, en outre, diverses copies manuscrites (*Bibliothèque Nationale*, f. fr. 20 580 et *Bibliothèque de Troyes*, n° 2 203).
4. ↑ Le dictionnaire de Jal, au mot *Saintot* (p. 1 095), cite un acte « de juillet 1642 qui mentionne Pierre de Sainctot, conseiller du Roy en ses conseils et tresorier des finances à Tours », et constate que ce trésorier, mort à cette date, avait épousé Marguerite Vion, dont il eut deux filles, Anne et Catherine. Mme Saintot était la sœur du poète Dalibray (voir les vers de Le Pailleur que nous avons cités plus haut p. 120). Sa liaison avec Voiture lui a fait une petite place dans l'histoire littéraire du xviie siècle. Cf. *Vie de Voiture*, par Amédée Roux, *apud Œuvres de Voiture*, Paris, 1858, p. 41, et Rahstede, *Vincent Voiture*, in *Wanderungen über die französische Litteratur*, Oppeln et Leipzig, 1891, p. 96.
5. ↑ Antoine de Barillon (1599–1672), maître des requêtes, conseiller d'État et, en juillet 1648, directeur des finances, était premier marguillier de l'église Saint-Merry (Sainte-Beuve, *Port-Royal*, 5e édit., VI, 287). Il est probable que les Pascal habitaient dès ce moment la rue Brisemiche. Voir plus haut p. 6, et les vers de Jacqueline, *infra*, p. 208.
6. ↑ Anne-Marie-Louise d'Orléans, fille de Gaston duc d'Orléans et de Marie de Bourbon, duchesse de Montpensier ; née le 29 mai 1627, elle

était de deux ans plus jeune que Jacqueline Pascal. Elle raconte, au premier chapitre de ses *Mémoires*, qu'elle avait été invitée par la reine à passer à Saint-Germain cet hiver où l'attente d'un Dauphin occupait la Cour et le pays tout entier.

7. ↑ Voir ci-dessous, p. 212.

8. ↑ Voir ci-dessous, p. 212. Marie de Hautefort était entrée à la Cour en 1628, à l'âge de douze ans ; elle avait reçu le titre de Madame, en même temps que la survivance de la charge de dame d'atours de la Reine, charge occupée par sa grand'mère, Mme de la Flotte. « La Reine l'aimait et le Roi l'adorait », ajoute la *Vie manuscrite* publiée par Victor Cousin (*Madame de Hautefort*, 2e édit., 1868, p. 152).

9. ↑ Comparer l'accueil qui sera fait quelques mois après à l'*Essai pour les Coniques* de Blaise Pascal. *Vide infra*, p. 245 sqq.

10. ↑ Voir ci-dessous, p. 218.

11. ↑ Voir ci-dessous, p. 263.

12. ↑ Le manuscrit de la *Bibliothèque Nationale*, suivi par le texte imprimé de 1751, s'écarte ici du recueil Guerrier : « Elle estoit mesme si simple que, quoy qu'elle eust alors quinze ans, elle avoit tousjours des poupées qu'elle habilloit et deshabilloit avec autant de plaisir que si elle n'eust eu que dix ans. Nous luy faisions reproche de cette enfance, et nous le fismes tant qu'enfin elle fut contrainte de les quitter, mais ce ne fut pas sans peine : car elle aimoit mieux ce divertissement que d'estre dans les plus grandes compagnies de la ville, quoiqu'elle y eust un applaudissement general, parce qu'elle n'avoit nul… »

13. ↑ *Religion* signifie ici *couvent*. Voici un exemple très caractéristique de ce sens, tiré du *Roman bourgeois* de Furetière (I, 196) : « Après deux mois et demi de pleine éclipse, Lucrèce entra dans une autre religion, mieux rentée et plus austère que la précédente. » *apud* Huguet, *Petit Glossaire des classiques français du XVIIe siècle*, 1907.

14. ↑ F. (nous désignons par cette lettre la leçon du P. Guerrier recueillie par Faugère) : « un peu de ».

15. ↑ F. : « Toutes les lectures qu'elle fit et tous les discours de pieté auxquels elle assista. »

16. ↑ F. : « Dans ce monastère. »

17. ↑ F. : « de bonté. »

18. ↑ F. : « tousjours. »

19. ↑ Cette ancienne domestique paraît être Louise Deffaud, qui figure dans les actes notariés passés après la mort d'Étienne Pascal. (*Vide infra*, t. II, p. 570).

20. ↑ Je pense que c'est à ce moment que la famille Pascal quitta la rue Brisemiche, paroisse Saint-Merry (*infra*, p. 293), pour la rue de Touraine « es Marais du Temple », paroisse Saint-Jean en Grève (*Vide infra*, t. II, p. 567).

21. ↑ Victor Cousin donne, d'après le manuscrit 12988, *éclairée* ; le texte imprimé *surveillée* ; la leçon transcrite par Faugère d'après le IIe recueil Guerrier nous paraît être la bonne.

22. ↑ Les derniers mots manquent dans Faugère. — Voir la lettre écrite de Port Royal le 4 mars 1649, *infra*, t. II, p. 387 sqq.

23. ↑ L'édit. Victor Cousin : *selon toute apparence.*

24. ↑ Les lettres de la mère Agnès à Jacqueline Pascal montrent quelles étaient à cette époque ses relations avec Port-Royal. Voir ci-dessous, t. II, p. 419 sqq. Le ms. 12988 contient aussi, p. 323, la copie d'une lettre qu'un médecin de ses amis, M. de Laporte, adressait de Paris à M. Perier le 3 novembre 1649. Il parle du sermon prêché par M. Singlin le jour de la Saint-Augustin, et de l'interdiction qui lui avait été signifiée par le Promoteur de l'Archevêque de Paris. Il termine sa lettre par ces réflexions intéressantes : « M. le Coadjuteur et M. de Gondy favorisent sa cause, ce qui, joint avec le bon droit, nous en fait espérer un bon succès. Jamais tant de personnes ne se sont déclarées pour la vérité, comme depuis qu'on a voulu la condamner, et nos ennemis qui nous menacent du feu et du sang, n'osent rien dire quand il s'agit de disputes et d'éclaircissements. »

25. ↑ *Victor Cousin* : « fort homme de bien ».

26. ↑ Les derniers mots de la phrase ne sont pas dans le texte de Faugère. — Les vers de Jacqueline sont publiés, t. II, p. 424–425.

27. ↑ Ces deux mots manquent dans le texte de Faugère.

28. ↑ Faugère donne simplement *à l'hôpital.*

29. ↑ Marie Perier, sans doute, dont M. de Beaurepaire a trouvé l'acte de baptême, daté du 26 décembre 1647. *Vide supra*, p. 25.

30. ↑ V. C. : *avions.*

31. ↑ Faugère donne *sens*, qui paraît une faute de copie ou de lecture.

32. ↑ Sur M. de Rebours, voir t. II, p. 173. L'écrit de Jacqueline Pascal est publié t. II, p. 452 sqq.

33. ↑ De Louis Perier, né le 27 septembre. — Voir la très intéressante étude de M. Élie Jaloustre : *Un neveu de Pascal : Louis Perier. — Le cas de conscience*, Clermont-Ferrand, 1906.

34. ↑ Auparavant cependant Jacqueline Pascal avait été, du jeudi 2 novembre au dimanche 5, à Port-Royal. La mère Agnès écrit à la sœur Marie Dorothée de l'Incarnation le Conte, « du jour de la Saint-Charles », 4

novembre 1651 : « Les deux filles qui sont entrées sont mademoiselle Pascal et la dame de madame de la Bessieres… Pour mademoiselle Pascal, encore que M. Singlin eût résolu qu'elle n'entreroit point, M. de Rebours l'a emporté. On lui mit l'habit le jour de la fête, en suite de quoi elle a été à tout l'office et au réfectoire, sans qu'il ait esté besoin de la conduire, car elle a tout à l'heure compris le son de la cloche et les chemins, en sorte qu'on la prendroit pour une ancienne postulante, mais simple comme un enfant et sans aucune façon. Je l'ai déjà mortifiée à la conférence de ce qu'elle avoit les jambes l'une sur l'autre ; elle l'a reçu à merveille ; c'est dommage qu'elle n'est en état d'avoir un voile noir, puisque tout le reste y est. Elle s'en retourne dimanche au soir pour leurs affaires. M. de Rebours vouloit qu'on la retînt ; mais M. Singlin, pour imiter la sagesse de Dieu, veut que tout se fasse suavement et sans effort. » *Lettres*, 1858, t. I, p. 203.

35. ⬆ Le *Mémoire* de Marguerite Perier sur sa famille fournit un court complément à la *Vie* écrite par Gilberte Pascal : « Et quoyque l'usage de Port-Royal fust de demeurer un an postulante avant que de prendre l'habit, on le luy donna quatre mois apres. Quatre ou cinq ans apres sa profession, on la fit première maîtresse des novices et sous prieure à Port Royal-des-Champs (Il y avoit à Port-Royal-des-Champs trois maîtresses des novices, comme à Paris, parce que l'on envoyoit toutes les postulantes et les novices pour passer quatre ou cinq mois à Port-Royal-des-Champs durant les années de postulantes et de novices, afin que les religieuses les pussent connoistre, parce qu'il falloit avoir leur voix pour la reception des filles, soit pour leur faire prendre l'habit, soit pour la profession). Ma tante s'y trouva donc lorsqu'au mois d'avril 1661 on leur ordonna de renvoyer les novices et les postulantes, qui fut le temps où l'on commença à persecuter les religieuses pour la signature du formulaire ; ce qui la toucha et l'affligea si sensiblement qu'elle dit et qu'elle ecrivit même à quelques personnes qu'elle sentoit bien qu'elle en mourroit ; et cela arriva en effet, car elle mourut le 4 octobre 1661, agée de trente six ans. » Voir également l'*Addition* qui se trouve à la suite de la *Vie* imprimée (*Vies intéressantes*, 1751, t. II, p. 356, *infra*, t. III, p. 46).